BEI GRIN MACHT SICH IHR WISSEN BEZAHLT

- Wir veröffentlichen Ihre Hausarbeit, Bachelor- und Masterarbeit

- Ihr eigenes eBook und Buch - weltweit in allen wichtigen Shops

- Verdienen Sie an jedem Verkauf

Jetzt bei www.GRIN.com hochladen
und kostenlos publizieren

Bibliografische Information der Deutschen Nationalbibliothek:

Die Deutsche Bibliothek verzeichnet diese Publikation in der Deutschen National-bibliografie; detaillierte bibliografische Daten sind im Internet über http://dnb.d-nb.de/ abrufbar.

Impressum:

Copyright © 2015 GRIN Verlag, Open Publishing GmbH
Druck und Bindung: Books on Demand GmbH, Norderstedt Germany
ISBN: 978-3-656-97439-0

Dieses Buch bei GRIN:

http://www.grin.com/de/e-book/300057/die-4-jahreszeiten-im-leben-einer-beziehung-wie-koennen-frauen-mit-schwacher

Inga Vengerova

Die "4 Jahreszeiten" im Leben einer Beziehung. Wie können Frauen mit schwacher Eltern-Kind-Bindung und frühzeitiger Trennung vom Vater in einer erfüllenden Partnerschaft leben?

GRIN Verlag

GRIN - Your knowledge has value

Der GRIN Verlag publiziert seit 1998 wissenschaftliche Arbeiten von Studenten, Hochschullehrern und anderen Akademikern als eBook und gedrucktes Buch. Die Verlagswebsite www.grin.com ist die ideale Plattform zur Veröffentlichung von Hausarbeiten, Abschlussarbeiten, wissenschaftlichen Aufsätzen, Dissertationen und Fachbüchern.

Besuchen Sie uns im Internet:

http://www.grin.com/

http://www.facebook.com/grincom

http://www.twitter.com/grin_com

INGA VENGEROVA

Wie können Frauen mit einer schwachen Eltern-Kind- Bindung und bei frühzeitiger Trennung vom Vater doch in einer langfristigen, erfüllenden Partnerschaft leben

Wie können Frauen mit einer schwachen Eltern-Kind-Bindung und bei frühzeitiger Trennung vom Vater doch in einer langfristigen, erfüllenden Partnerschaft leben

Abschlussarbeit

Eingereicht von

Inga Vengerova

München, Mai 2015

Inhaltverzeichnis

1. Einleitung

„Nun wollte Maria nicht Gottes Mutter werden, ist für den Marienkult schon gar nicht verantwortlich. Sie kam eher irritiert als selbstbestimmt zum Kinde, nahm die Aufgabe an und ließ sich von Josef helfen. So mag es auch Frauen von heute gehen. Sie verwirklichen sich nicht in feministischen Idealwelten. Vielmehr wurde die Patchworkfamilie oft genug zur Antwort auf geplatzte Träume, auf ein Scheitern von Frau und Mann".

Von Friesen, Astrid: Die vaterlose Gesellschaft. Politisches Feuilleton / Archiv | Beitrag vom 23.12.2011 unter:http://www.deutschlandradiokultur.de/die-vaterlose-gesellschaft.1005.de.html? dram:article_id=159453 (abgerufen am 23-04-2015)

Mit rund 1,45 Millionen Frauen übertrifft die Zahl der alleinerziehenden Mütter die Zahl der alleinerziehenden Väter weit. Viele von diesen Frauen sind selber auch ohne Vater aufgewachsen. Und so entsteht ein Kreis, der niemanden glücklich macht. Weder die Mutter noch das Kind. Nur hat die Mutter nie gelernt, mit einem Mann in einer stabilen Beziehung zu leben und ihm zu vertrauen, denn sie hat gelernt, dass der leibliche Vater Wichtigeres zu tun hatte, als in ihrem Leben präsent zu sein. So gibt sie ihre Wunde und Sehnsucht nach einer familiären Stabilität weiter an das Kind.

Dennoch haben auch Frauen, die vaterlos aufgewachsen sind, ein Recht auf Glück in einer langjährigen Partnerschaft. Und sie können ihr Thema überwinden und das, was sie als Kinder nie lernen konnten, jetzt lernen und integrieren. Ich möchte sogar sagen, eine Frau mit einer vaterlosen Kindheit sollte sich gestatten, das wunderbare Geschenk der Liebe und Stabilität in einer Beziehung annehmen zu dürfen. Diese Abschlussarbeit ist dem Thema gewidmet: „Wie können Frauen mit einer schwachen Eltern-Kind-Bindung und bei frühzeitiger Trennung vom Vater doch in einer langfristigen, erfüllenden Partnerschaft leben".

Ich möchte in dieser Arbeit hinterfragen, ob es für diese Frauen möglich ist, den Kreis zu durchbrechen und sich trotz aller kindlichen Verletzungen und Wut ein neues stabiles Zuhause aufzubauen. Und zwar nicht allein, sondern mit einem Partner.

2. Hauptteil

2.1. Was bedeutet eine schwache Eltern-Kind-Bindung?

Es wurde schon sehr viel darüber geschrieben, dass enge, emotionale Kontakte bei Kleinkindern die Entwicklung der neuronalen Netzwerke im Bereich des Emotionalen fördern, während negative Erfahrungen zu fehlerhaften Netzwerken führen. Bindung an eine Bezugsperson im Babyalter ist der erste tiefgreifende, emotionale Prozess, der das Gehirn eines Neugeborenen beeinflusst, und diese Erfahrung ist grundlegend, da Emotionen auch an allen späteren Lernprozessen beteiligt sind. Genau dann, wenn diese Bindung geschädigt wird, z.b. durch eine frühzeitige Trennungserfahrung, führt diese traumatische Erfahrung zu einem Anstieg der Stresshormone bei Kindern, die ihrerseits einen hohen Einfluss auf Strukturveränderungen im Gehirn hat. Dieser Stress in frühen Entwicklungsphasen kann später zu Verhaltens- und Lernstörungen oder sogar zu psychischen Erkrankungen, wie etwa Depressionen führen. Bindung beginnt bei der Geburt. Eine sichere Bindung fördert, nach den Ergebnissen bisheriger Forschung, die soziale Kompetenz, das Selbstvertrauen und auch die Selbstregulation, also alles Faktoren, die auch einen Schutz vor aggressivem Verhalten darstellen. Die emotionale Bindung eines Kleinkindes zu einer Bezugsperson bzw. zu seinen Eltern hat also eine hohe Bedeutung für dessen weitere Entwicklung, denn diese ist die beste Voraussetzung für ein Kind, auch im Erwachsenenalter Vertrauen zu anderen Menschen aufbauen zu können.

So ein Kind hat bereits gelernt, ein Urvertrauen zu einer Bezugsperson aufzubauen, die ihm Schutz und Anerkennung gegeben hat und kann dies später auch als erwachsener Mensch anwenden. Unsicher gebundene Kinder haben später weniger beständige Beziehungen, zeigen Probleme im verbalen Selbstausdruck und verlassen sich mehr auf andere Menschen, als auf sich selbst. Weil sie als erwachsene Menschen nach der Bindung suchen, die ihnen in der Kindheit gefehlt hat, verlassen sie sich nun in der Partnerschaft darauf, dass der Partner alles Fehlende kompensieren kann.
vgl. Stangl, W. (2012). Die frühkindliche Bindung an die Bezugsperson (werner stangls arbeitsblätter). Unter:
http://arbeitsblaetter.stangl-taller.at/ERZIEHUNG/Bindung.shtml (abgerufen am 23-03-2015)

2.2. Wenn der Vater zu oft abwesend ist oder gar getrennt lebt

Kinder brauchen für eine gesunde Entwicklung Mutter und Vater, wobei vaterlos auf-wachsende Kinder oft Einschränkungen in ihrer Identitäts- und Selbstwertentwicklung, in ihrer Bindungs- und Beziehungsfähigkeit und in ihrer Leistungsfähigkeit aufweisen.

Väter sind sehr wichtig für beide Geschlechter. In meiner Arbeit möchte ich aber die wichtige Funktion eines Vaters im Leben eines Mädchens betonen. Der Vater hat eine biologische Aufgabe, die Kinder zu schützen und ihnen Anerkennung zu zollen. Mädchen, die eine gute Vaterbindung haben, gehen als Jugendliche mit Beziehungen viel umsichtiger um und suchen auch nicht blind die Bestätigung von jungen Männern, da der Vater der erste Mann in ihrem Leben sein sollte, der ihnen das Gefühl gibt, wichtig zu sein, indem er ihnen seine Aufmerksamkeit schenkt. Solche Mädchen suchen sich intuitiv schon Männer die beschützend und unterstützend sind. Wenn sie beim ersten Date ein mulmiges Gefühl im Bauch haben, verabreden sie sich nicht mehr mit ihm. Denn ihr Vater hat ihnen ein gutes Gefühl vermittelt. Und so sollte auch der neue Partner sich anfühlen. Mädchen, die keine sichere und schützende Bindung zu dem Vater erfahren haben, gehen durch das Leben wie das Rotkäppchen durch den dunklen

Wald, in dem sie dem ersten, den sie treffen, ihre Lebensgeschichte erzählen. Sie merken nicht, dass derjenige, den sie gerade getroffen haben, ein Wolfsfell trägt. Wenn sie beim ersten Date ein mulmiges Gefühl im Bauch haben, dann ist ihnen dieses Gefühl schon aus ihrer Kindheit vertraut. Der Vater, der nie da war, hat ihnen ständig dieses Gefühl vermittelt. Daher achten sie auf dieses Bauchgefühl gar nicht und lassen sich auf ungünstige Beziehungen ohne Zukunft ein. Durch meine Beratungen habe ich erstaunt festgestellt, dass Frauen mit schwacher Vater-Tochter-Bindung überhaupt nicht wissen, welchen Mann sie eigentlich wollen. Sie wollen eben irgendeinen Partner. Denn Singles waren sie schon als Kind lange genug.

Das wäre noch halb so schlimm. Nun wissen sie aber auch nicht, ob der Mann, mit dem sie gerade Probleme haben, wirklich gut für sie ist. Es fehlt deutlich an einer gesunden Einschätzung. „Gut oder schlecht für mich". Oft werden Fehler und Ursachen einer Beziehungskrise bei sich selbst gesucht (das Gefühl: Nicht gut genug zu sein, Schuldgefühle: Papa mag mich nicht). Oder sie suchen Krisenursachen auch nur bei dem Partner, weil Männer eh für eine Beziehung nicht tauglich sind (Meinung der Mutter übernommen).
vgl. Stangl, W. (2015). „Die Bedeutung des Vaters in der Erziehung". (werner stangls arbeitsblätter). Unter: http://arbeitsblaetter.stangl-taller.at/ERZIEHUNG/Vater-Erziehung.shtml
(Linz 2015) (abgerufen am 25-03-2015)

2.3. Lange Suche dort, wo es eine erfüllende Partnerschaft nicht geben kann

In den ersten Beziehungen von Frauen mit einer schwachen Vater-Tochter-Bindung ist es ungefähr so, als wenn man einen Gegenstand in einer dunklen Ecke verliert, den man aber unbedingt wieder finden will. Statt aber in dieser ungemütlichen, kalten, dunklen Ecke zu suchen, geht man zu der Straßenlaterne und sucht darunter, denn dort ist es ja vertrauter und heller, erst hier kann sie was sehen. So verhält sich eine Frau, die eine feste Vater-Tochter-Bindung nicht erfahren hat, in ihren ersten Beziehungen. Sie sucht im ihr vertrauten „unter der Laterne", denn Beziehungen, die eigentlich eine Zukunft hätten, sieht sie nicht, sie liegen ja in der dunklen Ecke.

Das was sie noch nicht erfahren hat, kann sie im Dunklen nicht erkennen. Das Unbekannte macht sie unsicher und macht sogar Angst. Darum sind die ersten Männer, die ihr attraktiv erscheinen, oft schillernde Persönlichkeiten. Gutaussehend, gute Schauspieler, redegewandt (sie kann das ja nicht!) und auch sehr beschäftigt. Aus meinen Beratungen weiß ich, dass Frauen mit einer schwachen Vater-Tochter-Bindung oft genau an solche Männer geraten.

Warum... Da paradoxerweise eben diese Männer eine Partnerin suchen, von der sie Bewunderung und viel Aufmerksamkeit erhalten. Meist scheinen sie, beim ersten Treffen sehr offen zu sein. Sie strahlen da oft was ganz Besonderes aus und haben einen besonderen Charme. In Wirklichkeit suchen sie zwar Kontakt, umgehen diesen aber anschließend aus irgendeiner Angst. Bei solch einer Bindungsunfähigkeit ging oft eine frühere Verletzung oder eine schmerzliche Trennung als Ursache voraus, es kann auch eine Abweisung im Kinderalter sein, die zu so einem Verhalten führt. Deswegen sind gerade diese Männer auf der Suche nach Nähe, die ihnen damals gefehlt hat. Es ist aber genau diese Nähe, die Ihnen auch Angst macht, wenn sie merken, dass die Partnerin mehr Nähe will. Dann wird das Trauma aktiviert und der Mann zieht sich zurück. Oft heißt es dann, ich muss noch arbeiten, die Wohnung renovieren, oder die Schwester zum Arzt bringen. Und das ganz plötzlich zu unsagbaren Zeiten. Oder sie sind ständig auf Geschäftsreise oder anderweitig abwesend, wie z.B. am Sonntag 20:30 Auto waschen. Sehr oft bilden sich zwischen solchen Partnern Fernbeziehungen, die keinen Alltag aushalten und sich irgendwann von selbst beenden.

Sehr oft ist der Partner noch in einer Ehe oder hat mit irgendwelcher Sucht zu tun (auch Arbeitssucht) und daher nicht wirklich erreichbar. Frauen, die vaterlos aufgewachsen sind, wählen oft Partner, die genauso unerreichbar sind, wie ihr Vater damals. Meistens selber beziehungsscheu und genauso aus einer Familie mit schwacher Bindung.

Da treffen sich 2 hilflose Kinder, die von einander Hilfe erwarten.
Dabei ist der andere genauso hilflos und kann gar nicht helfen. Da diese Verbindung keine Zukunft hat, ist das Ende vorprogrammiert. Dieser Prozess ist oft sehr schmerzhaft, da die Trennung vom Vater erneut durchlebt wird. Aber dadurch auch sehr wichtig um überhaupt an das Thema heranzukommen und Hilfe zu suchen.

2.4. Plötzlich kommt ein beziehungsfähiger Partner und das Abenteuer beginnt

Manchmal kommt ins Leben einer Frau, die keine stabile Bindung zu dem Vater erlebt hat, ein Mann, der vorher bereits in einer langfristigen Beziehung war und sich getrennt hat. Und dieser Mann lässt auf nie auf sich nicht warten. Er ruft als erster an, zeigt offen sein Interesse, hilft und unterstützt in Allem und ist einfach da. Für manche Frauen ist das so fremd, dass sie sich sofort zurück ziehen. „Der Typ muss ja ein Problem haben, wenn er wie eine Klette an mir hängt". Oft wird so ein gesunder Partner als jemand empfunden, der aufdringlich ist und die Frau fühlt sich richtig eingeengt. In ihrer Familie hat sie gelernt, dem Vater hinterher zu laufen, um seine Liebe und Anerkennung zu bekommen. Oder dafür etwas Besonderes tun zu müssen. Und dieser neue Mann akzeptiert sie so, wie sie ist. Da sie ihn nicht mehr gewinnen muss, nimmt es natürlich auch den gewissen Reiz an der Beziehung. Sie verliebt sich meistens nicht in ihn.
Alle andere Männer, die ja so toll und so etwas Besonderes und so schwer zu kriegen sind, sind ja viel aufregender und romantischer. Das sind echte Prinzen, die sowieso schon so eine große Auswahl an Frauen haben, dass es selbstverständlich ist, dass sie sich nicht immer rechtzeitig melden oder dass sie immer wieder was Wichtigeres als die neue Partnerin haben. In diesem Ratgeber möchte ich aber bei Frauen bleiben, die diese für sie „neue Art Mann" nicht wegstoßen, sondern ihn als eine Chance zum

Wachsen sehen. Für ihn ist am Anfang Alles ganz natürlich. Er hat sich in eine Frau verliebt und da sie ihm wichtig ist, hat er meistens auch Zeit für sie. Wenn sie etwas braucht, steht er ihr mit Rat und Tat zur Seite. Er ist in einer gesunden Familie aufgewachsen in der er eine starke Kind-Eltern-Bindung erfahren dürfte. Bei Frauen, die immer auf Distanz sind, erkennt er sofort, dass sie nicht wirklich bereit für eine richtige Verbindung sind. Wenn eine Frau mit einer schwachen Vater-Tochter-Bindung so einen Mann trifft, kann sie mit dieser Art Beziehung am Anfang nicht wirklich was anfangen. Das ist für sie ein fremdes, exotisches Terrain. Fast eine Gefahr. Der Verstand signalisiert entweder Flucht oder Verteidigung.

Eventuell wird sie selber unerreichbar (Flucht), indem sie immer mit irgendetwas Anderem beschäftigt sein wird. Oder sie geht in den Angriff über und versucht dem Mann klar zu machen, dass es ihr zu eng ist. Eventuell hat sie auch noch in eine Beziehung mit einem für sie unerreichbaren Mann. Oder besser gesagt, lebt sie in einer Ilusion von Beziehung.

Wenn sie aber die neue Chance erkennt, beendet sie ihre alte Beziehung mit einem nie erreichbaren Mann und sagt „ja" zu dem Neuen. Und das Abenteuer in einem fremden Land beginnt.

3. „4 Jahreszeiten" im Leben einer Beziehung

Ich konnte in der Entwicklung einer Beziehung 4 Phasen feststellen, die den Jahreszeiten ähneln. Hier möchte ich diese bestimmte Konstellation zwischen einer Frau mit einer schwachen Vater-Tochter-Bindung und einem Mann mit einer starken Kind-Eltern-Bindung in der Entwicklungsphase vorstellen. Sicher wird der Mann auch etwas lernen und daran wachsen. Für die Frau ist das aber eine große Chance, ihre damals schwache Vater- Tochter-Bindung zu heilen und selber zu einer beziehungs-fähigen Frau zu werden. Für sie ist das ein sehr schwieriger und emotionaler Weg.
Wir fangen im Frühjahr der Beziehung an.

3.1. Hoffnungsvolles Frühjahr!

Plötzlich erscheint der Partner, manchmal wie eine zarte Frühlingssonne oder wie ein heller warmer Sonnenstrahl. Das ganze Leben wacht auf, Freude, Lust und diese große Hoffnung, endlich ein richtiger Mann, der das Leben einfacher machen wird.
Die frisch entpuppten Schmetterlinge landen direkt im Bauch. Eine Rosabrille als Sonnenschutz wird getragen. Die neue große Hoffnung, endlich alle Wünsche erfüllt zu bekommen, blendet so richtig. Nach den langen kalten dunklen „Wintermonaten" tut diese neue Begegnung so gut. Der Neue ist doch irgendwie anders, er ruft jeden Tag mehrmals an und schreibt tolle E-Mails. Die Frau merkt langsam auch den Unterschied zu den Männern, die sie früher gehabt hatte. Dieser Unterschied ist gleich am Anfang der Beziehung ganz deutlich zu erkennen. Sie hat plötzlich keine Zweifel daran, dass der Mann wirklich etwas Ernstes im Sinn hat. Sie hat aber auch keine von diesen verrückten intensiven Gefühlen zu ihm. Schon in den ersten Tagen merkt sie, dass er ihr Leben

leichter macht. Und das ohne Leid und Warten. Oft hat er schon in den ersten paar Wochen ihre Wohnung renoviert oder ihr tolle Orte gezeigt. Er zeigt es in jedem Handeln, dass sie ihm wichtig ist. Er stellt sie auch ab dem ersten Tag ohne Probleme seinen Freunden und seinen Eltern vor. Er hat einfach keine Angst, dass etwas nicht klappen oder funktionieren würde, denn er hat eine sichere Eltern-Kind-Bindung erlebt und hat auch genug Vertrauen ins Leben. Die Frau dagegen, die in einer gestörten Vater-Kind-Beziehung aufgewachsen ist, ist an die Achterbahn in ihrem Leben gewöhnt. Dieser Neue tut ihr gut, sie merkt aber, dass Alles ein bisschen weniger aufregend ist. Der Mann ist ja schon da. Und jeden Tag muss sie sich selbst gestehen, dass diese stabilere Art der Verbindung sich doch gesünder anfühlt, als die Achterbahnähnliche, die sie vorher kannte.

3.2. Sommer, Alles ist noch schön!

Im Sommer der Beziehung wird es noch ruhiger, beide machen vieles gemeinsam, der neue Partner unterstützt weiter enorm.
Es gibt sehr vieles zu sehen, man plant was Gemeinsames. In dieser Phase ist der Austausch zwischen den Partnern sehr stark. Für beide ist ja eine neue Welt, Kenntnisse von dem Einen ergänzen die Kenntnisse von dem Anderen. Alles klappt zusammen viel besser.
Beide erhoffen voreinander jedoch auch eine Lösung der eigenen Probleme, oft unbewusst. Langsam stellt die Frau fest, dass auch sie mal den Partner unterstützen muss. Das macht sie gerne. Man kann diese Zeit wie im Song „Summertime and the living is easy" beschreiben (Sommerzeit und das Leben ist einfach). Alles blüht, wächst, das Leben selbst hat sich voll entfaltet und genießt die Sommerhitze. Die Frau merkt immer mehr, dass sie eine Beziehung in der Art noch nicht gehabt hat. Sie merkt weitere positive Charaktereigenschaften des Partners, aber eventuell auch ähnliche schwache Punkte in seinem Leben. Diese Punkte fangen an, sie zu irritieren. Sie denkt: warum verändert er dies oder das in seinem Leben nicht. Sie denkt aber, dass sie das gemeinsam schaffen. Es ist Sommer, die Hitze macht faul und man ist auch ohne Veränderungen glücklich.

3.3. Herbst, Anfang der Krise

Im Herbst der Beziehung werden die Tage dunkler, da draußen gibt es immer mehr Tage an denen es regnet und man zuhause bleibt. Und wenn man zuhause ist, dann sieht man auch die Dinge dort klarer. Die Frau stellt fest, dass die größten Aufgaben ihres Lebens nicht nur nicht gelöst sind, sondern dass der Partner auch schwache Punkte hat. Er kann sie unterstützen, aber ihre Aufgaben nicht erledigen. Die Rosabrille fällt runter. Die schwachen Punkte des Partners zeigen ihr erbarmungslos, dass sie ihre eigenen Probleme in sich selbst ändern muss. Es nervt immer mehr. Sie will, dass er das für sie erledigt. Und sie stellt auch fest, dass viele Erwartungen unerfüllt blieben. Sie ist nicht erfolgreicher durch ihn geworden und steht auch nicht besser da.

Das Wetter da draußen und die Stimmung in der Beziehung wird anders. Die Bäume verlieren Blätter und ziehen ihre Kraft in die Wurzel zurück und die Beziehung zieht sich in die Wurzeln zurück. Bei ihm wird die Wurzel für die Bindung kräftiger. Bei ihr trifft die Beziehung in der Wurzel auf die frühe Verletzung, ihre tiefe Wunde der Trennung und Enttäuschung durch den Vater liegt. Und auch dass sie immer noch die damaligen Selbstzweifel hat. Und auch die damaligen Ängste. Und plötzlich stellt sie fest, dass diese Wunden durch die Beziehung nicht geheilt wurden. Die große Hoffnung, durch die Beziehung die damals verlorene Liebe ihres Vaters zu gewinnen, wackelt wie eine Hütte im Wind. Mehr noch. Dadurch dass der Partner fast pausenlos ihr Ihre Schwächen spiegelt, werden ihr ihre Themen richtig bewusst und je dunkler die Herbsttage werden, desto mehr Licht muss eingeschaltet werden. Und an solchen Abenden muss sie plötzlich ganz genau ihren Partner anschauen und sich selbst in seinen Schwächen erkennen. Es tut weh. Denn sie dachte ja, dieser Partner würde für sie Alles lösen. Und plötzlich stellt sich heraus, dass er selber Hilfe braucht. Auch er hat Selbstzweifel und Ängste, wie jeder Mensch. Eventuell wird die Frau sogar aggressiv, denn sie könnte sich betrogen fühlen. Er hat zwar viel für sie getan aber sie hat sich schnell daran gewöhnt und jetzt steht sie genauso da mit ihren Problemen, wie bevor sie ihn getroffen hat.

Und da das Gefühl, verbunden zu sein und ein Urvertrauen in die Verbindung bei solchen Frauen meistens fehlt, wird die Beziehung oft als sinnlos empfunden. Alleine zu sein, war doch irgendwie leichter und freier. Jetzt muss die Frau, die noch immer mit den gleichen Problemen wie vor der Beziehung zu kämpfen hat, auch noch die Probleme ihres Partners mitschleppen.

Die Rosabrille liegt in einer großen Schublade und wartet auf die Sommerzeit. An die guten Seiten des Partners hat sie sich schon gewöhnt, aber die Dunkelheit des Herbstes verstärkt die Schattenseiten des Partners jeden Tag mehr. Er scheint ihr jetzt fremd und Vieles nervt. Es sind nicht nur solche Kleinigkeiten, wie herumliegende Socken, sondern auch die Schattenseiten seiner guten Charaktereigenschaften. Z.B. wenn er lieb ist, dann stellt die Frau fest, dass er ein lahmes Schaf ist. Wenn er ein guter Organisator ist, dann fällt ihr ständig auf, dass er überhaupt nicht spontan ist. Sollte er sie früher als Künstler oder Musiker so faszinieren, stellt sie jetzt fest, dass er ein hoffnungsloser Chaot ist. Jede gute Charaktereigenschaft hat in unserer dualen Welt eine Schattenseite. Für Frauen mit starker Kind-Eltern-Bindung waren damals Schattenseiten vom Vater eher lustig. Die beiden konnten darüber lachen. Für eine, die eine Trennung vom Vater hinter sich hat, waren Schattenseiten genau der Auslöser ihres Traumas. Der Mechanismus sagt: Trennung. Meistens trennen sich Frauen mit schwacher Vater-Kind-Bindung spätestens hier von ihrem Partner.
Nur wenige Verbindungen schaffen es bis zum Winter. Im ewigen hin und her zwischen Angst vor Trennung und Unzufriedenheit. Zwischen goldenem Herbst und kaltem Herbstregen.

3.4. Winter, Krise und Chance auf den nächsten Frühling

„Störungen durch fehlende Sicherheit und Stabilität im frühen Kindesalter begleiten einen Menschen oft durch sein ganzes weiteres Leben, und bei besonderen lebenskritischen Ereignissen wie dem Schuleintritt, der Pubertät oder dem Übergang zum eigenständigen Leben brechen diese wieder auf. Das betrifft auch Beziehungskrisen. Bei einer unsicheren Eltern-Kind-Bindung hat sich die Belastbarkeit in der Partnerschaft nicht gebildet".

Stangl, W. (2012). Die frühkindliche Bindung an die Bezugsperson (werner stangls arbeitsblätter).
http://arbeitsblaetter.stangl-taller.at/ERZIEHUNG/Bindung.shtml (23-03-2015)

Im Winter der Beziehung wird vieles klar. Vor allem wird klar, dass es eine Krise ist.

Der Winter hat ganz klare Muster und klare Farben. Er hat nicht dieses lebendige Aufwachen des Frühlings und die unendlichen Formen und Farben des Sommers. Die stärksten Winterfarben sind Schwarz, Weiß und Rot. Die Natur ist still und zwingt zum Nachdenken. Die natürlichen Kontraste der winterlichen Umgebung zeigen deutlich auch Kontraste in einer Beziehung. Eine Frau mit einer schwachen Vater-Kind-Bindung erlebt eine ganz schlimme Krise, die sie dann auch auf die Beziehung überträgt. Sie stellt fest dass der andere, auch wenn er ähnliche Schwachstellen hat, doch anders denkt.

Und da wo sie denkt, er soll was ändern, da will er gar nichts ändern. Und sie erkennt, dass er in seinem Leben andere Vorlieben hat. Es macht sie hilflos, wenn sie zusehen muss, dass der Partner, statt sich auf seine „echten" Probleme zu konzentrieren und diese zu lösen, doch seine Zeit in etwas für sie absolut unwichtig erscheinendes investiert. Immer Öfters zeigt er ihr auch seine Grenze indem er ihr sagt, dass er ihr nicht weiter helfen kann und dass sie bestimmte Dinge doch selber machen muss.

Plötzlich will sie weg und ganz neu anfangen. Sie fühlt sich in die Ecke gedrängt, da sie jetzt, ihre Lebensaufgabe betreffend, auf sich alleine gestellt ist. Ihr Partner wird diese Aufgabe für sie nicht lösen können. Im Gegenteil, er verlangt jetzt von ihr immer mehr Hilfe und Unterstützung. Für ihn sind Verpflichtungen in einer Beziehung etwas ganz Normales und keine Last. Das kennt er aus seiner starken Familienbindung. Für sie ist das sehr einengend und belastend. Ihr Nervensystem ist sowieso nicht sehr stabil. Aber beim Gedanken an die Trennung übermannt sie ein sehr starker alter Schmerz. Und sie denkt: nie mehr eine Beziehung. Aber sie spürt auch, dass dies keine Lösung wäre.

Dadurch, dass sie nicht gewohnt ist, in einer Partnerschaft gemeinsam Probleme zu lösen, hat sie kein Vertrauen, dass ihr Partner wirklich an ihrer Seite ist. Und obwohl sie einen Partner an ihrer Seite hat, hat sie das Gefühl, alleine weiterkämpfen zu müssen. Denn sie sieht ihn nicht mehr als Unterstützung, sondern als Belastung. Der Vater war ja in den Krisen nicht da und warum soll sie jetzt ihrem Partner vertrauen, dass er besser sein wird. Außerdem kommt da Einiges, was die Mutter damals bei der Trennung vom Vater gesagt hat, in Erinnerung. Und das war meistens nicht sehr positiv.

Allein mit schwierigen Situationen fertig zu werden ist ja was Gewohntes. „Was mich nicht umbringt, mach mich stärker", haben solche Frauen gelernt. Und gerade in den Zeiten der Beziehungskrisen ist die Flucht eine vertraute Reaktion. Sie hat kein Urvertrauen zu einer Verbindung.

Die meisten trennen sich spätestens hier. Sie fühlen sich so gefangen in diesem Kreis: eigene Probleme wurden nicht vom Partner gelöst, Partner bringt zusätzliche Probleme rein, vieles passt nicht mehr, die Realität wird ohne Rosabrille klar und beide fühlen sich wie zwei hilflose Kinder, die zwar gern miteinander spielen, aber oft auch Hilfe von Außen brauchen. Eine Frau mit einer starken Vater-Kind-Bindung fühlt sich stark an den Partner gebunden und würde sich nicht sofort trennen, sondern zusammen mit ihm eine Lösung finden wollen. Sie rechnet automatisch mit seiner Unterstützung. Eine Frau, ohne starke Vater-Kind-Bindung hat kein großes Vertrauen in eine Beziehung und findet sich, mit Ihren Problemen nun Alleingelassen, in einer vertrauten Situation wieder. Wenn sie sich keine Hilfe von Außen holt und die Situation nicht aus einer anderen Perspektive zu sehen lernt, wird es zu einer Trennung kommen.

Damals, als sie mit einem bindungsscheuen Partner zusammen war, musste sie seine Probleme ja nicht mitschleppen, da er nie da war. Er wollte aber auch von ihren Schwierigkeiten nichts wissen. Und wenn, dann nur oberflächlich. Sie musste sich aber auch nicht verändern, denn es war genau wie in ihrer Kindheit. Auf sich selbst gestellt, ohne dass jemand sich für sie interessierte.

Nur mit diesem Partner ist etwas anders: er kämpft um die Beziehung und versucht, die Trennung zu verhindern. Eine Trennung war für ihn nie eine Lösung, sondern er sieht als Lösung „Zusammenzuhalten und Füreinander da zu sein".

Wenn die neue Beziehung überleben dürfte, dann nur wenn die Frau das erkennt:

„Das war ein entscheidender Wendepunkt, und so erlebe ich es oft bei Paaren: Wenn sie die Not ihrer inneren Kinder kennenlernen, wenn sie zu verstehen beginnen, wo sie in der Beziehung wechselseitig auf ihre wunden Punkte von damals stoßen. Hier gibt es erfahrungsgemäß in jeder Beziehung die heftigsten Konflikte, hier ist aber auch der Ansatzpunkt zu neuer Begegnung und zu einem tiefen wechselseitigen verstehen".
Jelloschek, Hans : „Liebe auf Dauer" (Kreuz Verlag; Auflage: 1., Aufl. Mai 2004, S. 35)

4. Neugeburt und Wachstum einer erfüllenden Beziehung

Und genau hier keimt gerade die neue Chance auf eine neue Begegnung mit dem jetzigen Partner.

Ja, er hat alle Lebensprobleme der Frau nicht lösen können, aber er hat sie nie schlecht behandelt, nie kritisiert und war immer an ihrer Seite, als sie ihn gebraucht hat. Er hat Alles getan, was er tun konnte, um sie auf ihrem Lebensweg zu unterstützen. Und hier liegt der Unterschied zu dieser anderen Sorte von Mann, der immer auf der Flucht, auf Distanz oder sonst irgendwie unerreichbar ist.

Und eine Frau, die das erkennt, erkennt auch, dass sie genau mit diesem neuen stabilen Partner eine wunderbare Chance hat, für sich selbst eine feste Bindung und ein schönes warmes nährendes Zuhause aufzubauen. Etwas was sie sich immer schon als Kind aus tiefstem Herzen gewünscht hat. Niemand kann das tun, nur sie selbst. Mit seiner Unterstützung.

Hier am Ende des Winters in der Beziehung, bevor die neue Kraft in den Bäumen wieder von den Wurzeln zu der Krone fließt, ist die beste Zeit sich in die Augen zu schauen. Ja, sie hat als Kind ein Trauma erlebt und Unterstützung und Anerkennung von ihrem Vater nie erfahren, aber jetzt entscheidet sie, wie sie ihr Haus baut. Sie stellt fest, dass sie die Königin ihres Lebens ist und eigentlich auch ohne den Partner ihre Lernaufgaben lösen könnte. Dafür gibt es da draußen genug professionelle Hilfe. Ihr Partner hat ihr enorm geholfen und wird ihr noch enorm helfen. Er möchte, dass sie glücklich wird, bietet ihr ein sicheres Zuhause an und je mehr sie sich traut, ihr Leben in die Hand zu nehmen, desto leichter wird es auch für ihn, sein Leben in die Hand zu nehmen.

Und je mehr Vertrauen in diese Bindung sie gewinnt und je mehr schönere Seiten dieser Bindung sie erkennen kann, desto geschützter und geborgener wird sie sich in ihren kühnsten Handlungen fühlen. Je schwieriger eine Aufgabe, desto wichtiger ist ein erholender schöner, entspannender Feierabend danach.

Wenn wir allein sind, kommen wir in eine leere Wohnung und sind meistens frustriert und sehnen uns nach einem echten Partner. Wenn eine Frau, die eine starke Bindung aus ihrer Kindheit gar nicht kennt, endlich die Wichtigkeit von diesem besonderem Jemand, der da zuhause wartet, erkennt und ihr Leben selber in die Hand nimmt, dann wird sie zuhause einen warmen Ofen und umarmende zärtliche Arme finden, die ihr Kraft geben, auch die nächste Aufgabe in ihrem Leben anzupacken. Sie wird eventuell auch wieder von einem dieser „Prinzen" träumen, die ja so romantisch und aufregend waren... Aber wenn sogar ein Partner, der immer da ist, ihre Lebensaufgaben nicht lösen konnte, wie sollte ein Partner, der fast nie da ist, ihre Probleme lösen?

Eine Frau mit so einem Kindheitsthema braucht Mut, in sich hinein zu schauen und zu erkennen, dass der neue Partner die beste Hilfe ist, die sie vom Leben bekommen könnte und dass der Rest ihre Aufgabe ist. Wenn sie das Urvertrauen, das sie als Kind nie erfahren durfte, durch ihre Partnerschaft lernen kann, kann sie in jedem Alter etwas Besonderes erreichen. Es ist erwiesen, dass Menschen mit einem Partner viel mehr im Leben schaffen können, als einer allein denn jeder hat besondere Begabungen und Ideen, die sich ergänzen können.

5. Zusammenfassung

Der herbstliche Gang zurück zu den Wurzeln ist für die Heilung der Beziehung sehr wichtig. Es fühlt sich wie eine Krise an, erzeugt aber genau die Kraft, die dann im Frühjahr die ganze Beziehung mit neuen Kräften versorgt. Der 2. Frühling wird ganz anders als der 1. sein. Die Frau braucht keine Rosabrille mehr. Sie liebt die Sonne (männliches Symbol) in ihrem Leben und braucht keinen Schutz mehr davor. Sie hat ja die dunklen Wintermonate, in denen sie viel über sich selbst gelernt hat, hinter sich. Durch winterliche Kontraste freut sie sich jetzt besonders auf neue kräftige Farben in der Natur und in ihrer Beziehung.

In der langen Winterkrise hat sie die Wunde an der Wurzel angeschaut und umarmt. Sie hat gemerkt, dass der Partner mit dieser Wunde nichts zu tun hat. Sie hat auch gemerkt, dass der Partner die ganze Zeit den Baum gepflegt hat, damit er mehr Kraft im Herbst in die Wurzeln mitnehmen kann. Die Frau kann jetzt die Krone nach ihrem Belieben gestalten. Die Wurzeln sind stark genug, um größere Früchte zu tragen. Und nach der nächsten Krise wird die Wurzel noch stärker und die Früchte noch größer.

„Betrachten wir nun den Fall einer Person, die aufgrund ihrer schlechten Erfahrungen entweder mit frühen Bezugspersonen (z.B. Eltern) oder mit früheren Partnern ein inneres Arbeitsmodell entwickelt hat, das besagt, dass andere Menschen in Partnerschaften nicht verlässlich sind. Wenn diese Person sich nun mit einem Partner verbindet, der zuverlässig und treu ist, werden zu den früheren Bindungsrepräsentationen widersprüchliche Erfahrungen gesammelt, die im Laufe der Zeit dazu führen können, dass das innere Arbeitsmodell geändert wird und dass an die Stelle einer unsicheren Bindung eine sichere Bindung tritt… Daher liegt es nahe, eine sichere Bindung in der Partnerschaft anzustreben, indem bei der Partnerwahl nach verlässlichen und unterstützenden Partnern gesucht wird."
Bierhoff, H.W. & Grau, I. (1999). Der Einfluss der frühen Kindheit: Bindungstheorie (S. 22-45). In dies., Romantische Beziehungen. Bern: Huber) unter: https://www.familienhandbuch.de/partnerschaft/grundlagen-fur-die-partnerschaft/bindung-in-partnerschaften (abgerufen am 25.03.2015)

Als Lösung gilt hier: eine Frau mit unsicherer Bindung braucht einen Partner mit sicherer Bindung. Sie soll dadurch eine sichere Bindung lernen und in ihr Leben integrieren. Trotz aller Ängste und Erinnerungen Krisen überstehen und nicht davor weggelaufen, obwohl sie es oft so wünscht. Und als Geschenk wird sie einen qualitativ ganz neuen Frühling in ihrer Partnerschaft erleben dürfen. Aber was ist schon eine Krise, wenn die feste Bindung in ihrer Partnerschaft ihr ein neuerworbenes Urvertrauen schenkt. Ein Urvertrauen ans Leben, in sich selbst, in die Liebe.

5. Literaturverzeichnis

Von Friesen, Astrid: „Die vaterlose Gesellschaft". Politisches Feuilleton / Archiv | Beitrag vom 23.12.2011 unter:http://www.deutschlandradiokultur.de/die-vaterlose-gesellschaft.1005.de.html? dram:article_id=159453 (abgerufen am 23-04-2015)

Stangl, W. (2012). „Die frühkindliche Bindung an die Bezugsperson" (werner stangls arbeitsblätter). Stangl, W. (2012). Die frühkindliche Bindung an die Bezugsperson (werner stangls arbeitsblätter). Unter: http://arbeitsblaetter.stangl-taller.at/ERZIEHUNG/Bindung.shtml (abgerufen am 23-03-2015)

Stangl, W. (2015). „Die Bedeutung des Vaters in der Erziehung". (werner stangls arbeitsblätter). Unter: http://arbeitsblaetter.stangl-taller.at/ERZIEHUNG/Vater-Erziehung.shtml (Linz 2015) (abgerufen am 25-03-2015)

Jelloschek, Hans : „Liebe auf Dauer" (Kreuz Verlag; Auflage: 1., Aufl. Mai 2004, S. 35)

Bierhoff, H.W. & Grau, I. (1999). „Der Einfluss der frühen Kindheit: Bindungstheorie" (S. 22-45). In dies., Romantische Beziehungen. Bern: Huber.) unter: https://www.familienhandbuch.de/partnerschaft/grundlagen-fur-die-partnerschaft/bindung-in-partnerschaften (abgerufen am 25-03-2015)